DENTRO DE
California Salvaje

BLACKBIRCH PRESS

An imprint of Thomson Gale, a part of The Thomson Corporation

THOMSON
━━━✦━━━ ™
GALE

Detroit • New York • San Francisco • San Diego • New Haven, Conn. • Waterville, Maine • London • Munich

LIBRARY OF CONGRESS CATALOGING-IN-PUBLICATION DATA

Into wild California. Spanish.
    Dentro de California salvaje / edited by Elaine Pascoe.
        p. cm. — (The Jeff Corwin experience)
    Includes bibliographical references and index.
    ISBN 1-4103-0671-2 (hardcover : alk. paper)
    1. California—Description and travel—Juvenile literature. 2. Natural history—California—Juvenile literature. 3. Corwin, Jeff—Travel—California—Juvenile literature. I. Pascoe, Elaine. II. Title. III. Series.

    F866.2.I6718 2004
    917.9404—dc22

                                                                2004029279

Printed in United States of America
10 9 8 7 6 5 4 3 2 1

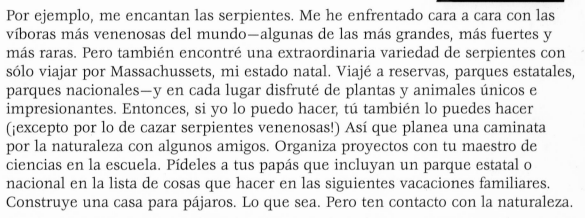

Desde que era niño, soñaba con viajar alrededor del mundo, visitar lugares exóticos y ver todo tipo de animales increíbles. Y ahora, ¡adivina! ¡Eso es exactamente lo que hago!

Sí, tengo muchísima suerte. Pero no tienes que tener tu propio programa de televisión en Animal Planet para salir y explorar el mundo natural que te rodea. Bueno, yo sí viajo a Madagascar y el Amazonas y a todo tipo de lugares impresionantes—pero no necesitas ir demasiado lejos para ver la maravillosa vida silvestre de cerca. De hecho, puedo encontrar miles de criaturas increíbles aquí mismo, en mi propio patio trasero—o en el de mi vecino (aunque se molesta un poco cuando me encuentra arrastrándome por los arbustos). El punto es que, no importa dónde vivas, hay cosas fantásticas para ver en la naturaleza. Todo lo que tienes que hacer es mirar.

Por ejemplo, me encantan las serpientes. Me he enfrentado cara a cara con las víboras más venenosas del mundo—algunas de las más grandes, más fuertes y más raras. Pero también encontré una extraordinaria variedad de serpientes con sólo viajar por Massachussets, mi estado natal. Viajé a reservas, parques estatales, parques nacionales—y en cada lugar disfruté de plantas y animales únicos e impresionantes. Entonces, si yo lo puedo hacer, tú también lo puedes hacer (¡excepto por lo de cazar serpientes venenosas!) Así que planea una caminata por la naturaleza con algunos amigos. Organiza proyectos con tu maestro de ciencias en la escuela. Pídeles a tus papás que incluyan un parque estatal o nacional en la lista de cosas que hacer en las siguientes vacaciones familiares. Construye una casa para pájaros. Lo que sea. Pero ten contacto con la naturaleza.

Cuando leas estas páginas y veas las fotos, quizás puedas ver lo entusiasmado que me pongo cuando me enfrento cara a cara con bellos animales. Eso quiero precisamente. Que sientas la emoción. Y quiero que recuerdes que—incluso si no tienes tu propio programa de televisión—puedes experimentar la increíble belleza de la naturaleza dondequiera que vayas, cualquier día de la semana. Sólo espero ayudar a poner más a tu alcance ese fascinante poder y belleza. ¡Que lo disfrutes!

Mis mejores deseos,

DENTRO DE
California Salvaje

Lo llaman el Estado Dorado
y para mí es una mina de oro.
Vamos a viajar del océano a
las montañas, de la ciudad al
desierto y vamos a averiguar
cómo los animales en California
logran sobrevivir con toda la
gente que vive aquí.

Me llamo Jeff Corwin.
Bienvenidos a California.

San
Francisco

Santa
Cruz

Monterey
Bay
Bahía de Monterey

¡La costa escabrosa de California es sorprendente!

Saluda a mi amigo Sean.

Nuestra aventura empieza al margen de la costa de Santa Cruz, donde voy a presentarte al mayor depredador— el depredador más exitoso en el océano— de estas aguas californianas. Vamos a ir de pesca con Sean Van Sommeran de Pelagic Shark Research Foundation (la Fundación de Investigaciones de Tiburones Pelágicos), abordo su bote, una "cris-craft" de 21 pies (6,4 metros). Sean pasa día tras día esperando la oportunidad de ver—y luego marcar—un tiburón blanco gigante. Es parte de un estudio de rastrear el movimiento y los números de estos extraordinarios peces.

Esto es un tremendo cebo.

Una bolsa llena de grasa de foca ayuda a atraerlo.

Mira el tamaño de este cebo. Tiene la forma exacta de una foca elephante hembra adulta. Vamos a desplazar este cebo, esperar a que un tiburón blanco gigante aparezca y marcarlo. Además del cebo, tenemos una bolsa arpillera llena de sebo, o grasa, de la foca elefante— un alimento principal de los tiburones. No se lastimó ninguna foca para el sebo—se cosechó de un animal muerto que fue arrastrado a la playa. El sebo aumenta la probabilidad que en este gran mar atraeremos a esa criatura que hemos venido a estudiar. Si lo logramos, el bote de Sean está equipado con una cámara submarina para que podamos ver el tiburón cara a cara.

¡Y allí está un tiburón! Acaba de acercarse al cebo. Es un tiburón blanco gigante—un tiburón que es capaz de alcanzar 21 pies (6,4 metros) o más de longitud. Éste probablemente mide unos 10 ó 12 pies (3,1 ó 3,7 metros)—no tan grande para ser un blanco gigante, pero lo bastante grande para mí. ¡Santo cielo! He jugado con leopardos cazadores y con mambas negras. He jugado con osos asiáticos, pero nunca he visto un tiburón blanco gigante vivo. ¡Mira su aleta dorsal que surge del agua! ¿A qué no es fenomenal? ¿Ves ese dorso gris que sale a la superficie? ¿Y ese vientre blanco? Sus ojos se parecen a los de un muñeco.

Mira esa aleta dorsal. ¡Asombroso!

Éste mide unos 12 pies de largo.

Tiene los ojos de un muñeco pero no es un muñeco.

Mira esos filos en su boca.

Desafortunadamente, la gente le ha dado al tiburón blanco gigante la fama de ser un monstruo. Este tiburón es un devorador, pero es más que eso. Los tiburones son animales complejos que han evolucionado a través de millones de años. Son chondrichthyes, peces cartilaginosos, con una historia larguísima. Entender la historia fósil de estos animales es un reto porque sus esqueletos,

¡MIRA ESTO!

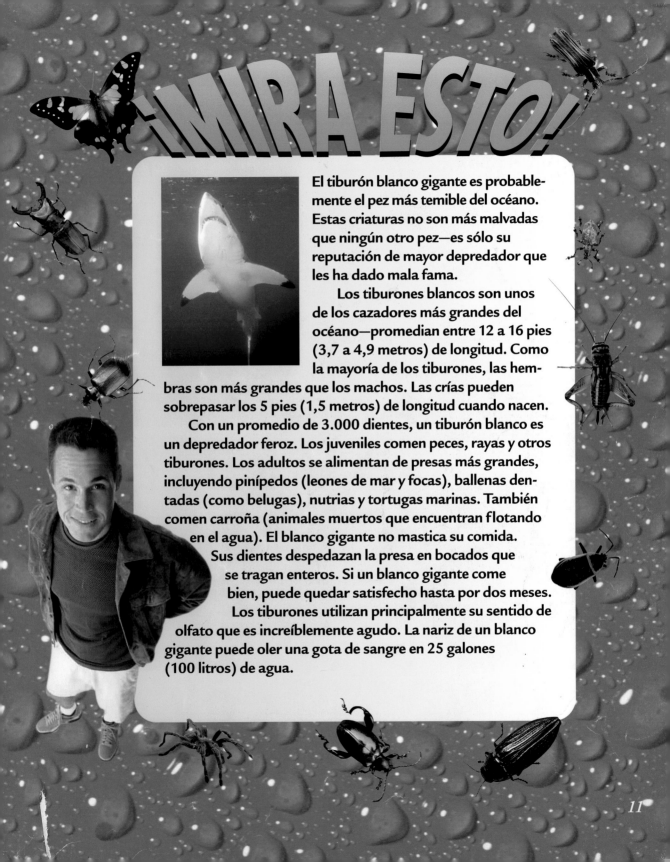

El tiburón blanco gigante es probablemente el pez más temible del océano. Estas criaturas no son más malvadas que ningún otro pez—es sólo su reputación de mayor depredador que les ha dado mala fama.

Los tiburones blancos son unos de los cazadores más grandes del océano—promedian entre 12 a 16 pies (3,7 a 4,9 metros) de longitud. Como la mayoría de los tiburones, las hembras son más grandes que los machos. Las crías pueden sobrepasar los 5 pies (1,5 metros) de longitud cuando nacen.

Con un promedio de 3.000 dientes, un tiburón blanco es un depredador feroz. Los juveniles comen peces, rayas y otros tiburones. Los adultos se alimentan de presas más grandes, incluyendo pinípedos (leones de mar y focas), ballenas dentadas (como belugas), nutrias y tortugas marinas. También comen carroña (animales muertos que encuentran flotando en el agua). El blanco gigante no mastica su comida. Sus dientes despedazan la presa en bocados que se tragan enteros. Si un blanco gigante come bien, puede quedar satisfecho hasta por dos meses.

Los tiburones utilizan principalmente su sentido de olfato que es increíblemente agudo. La nariz de un blanco gigante puede oler una gota de sangre en 25 galones (100 litros) de agua.

Estos animales extraordinarios son asombrosos.

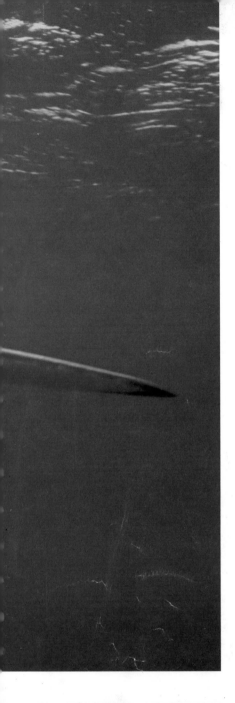

> Los dientes en realidad se evolucionaron de las escamas.

hechos de cartílago, no fosilizan bien. Pero sí se hallan dientes fósiles. Lo interesante de estos dientes es que no son como los nuestros. Se desarrollaron de escamas que, por medio del proceso evolucionario, migraron a la boca.

Queríamos marcar este tiburón, justo a la base de la aleta dorsal. Pero tan pronto como apareció, el blanco gigante se deslizó a las profundidades y desapareció. Sean nunca tuvo la oportunidad de marcarlo.

Vamos a dejar atrás el blanco gigante y acercarnos a la orilla.

Aquí el quelpo crece como un bosque.

Las nutrias de mar están por todos lados cerca de la costa.

Aquí estamos flotando por encima de un bosque—un bosque de quelpo. El quelpo, una alga marina, se sujeta mediante discos adhesivos al fondo rocoso del océano a lo largo de la costa de California. Estamos aquí para ver unas criaturas maravillosas: unos miembros muy inteligentes de la familia de la comadreja o mofeta. Son nutrias de mar sureñas, mamíferos marinos que pasan una gran parte de sus vidas en el océano desde la costa hasta como 3 millas (4,8 kilómetros) mar adentro, en profundidades

Mira este bosque submarino.

Aquí estoy en el mar con las nutrias.

Las nutrias de mar realmente saben usar herramientas.

de alrededor de 200 pies (61 metros) o menos de agua.

He aquí lo impresionante de las nutrias de mar: no sólo cazan y forrajean bien sino que también son expertas en el uso de herramientas. Ellas van al fondo, agarran un animalito que tiene una concha dura y lo traen a la superficie. Luego agarran una roca o lo que esté a mano y transforman la roca en una herramienta para romper esa concha y comer un festín.

Esta nutria tiene lo que parece ser

un cangrejo y está rompiendo el cangrejo con su mano. Pero también está luchando un poco porque una gaviota está volando sobre su hombro, como una sombra funesta, esperando a agarrar su comida.

Esta gaviota está tratando de ver cómo se roba ese cangrejo de la mano de la nutria.

Las nutrias de mar necesitan comer mucho porque estas aguas son frías y consumen muchas calorías para conservar el calor. Pensamos que California es un lugar cálido, pero como dicen en Santa Cruz, "Compa, el agua está fría, hombre." Las nutrias de mar no tienen mucha grasa. Dependen de su pelaje denso, de miles y miles de pelos individuales por pulgada cuadrada. Y se cepillan ese pelaje constantemente, el cual produce aceites alrededor del pelo que crean una barrera que aisla el calor y no deja entrar el frío.

A continuación vamos a dirigirnos tierra adentro, a las montañas que rodean el lago Mammoth, para conocer otros depredadores increíbles de California...

Lagos Mammoth

La sierra Nevada es el hogar de un montón de animales salvajes.

California es un estado enorme, pero casi 34 millones de personas viven aquí. Todas estas personas ejercen mucha presión en el medio ambiente. Muchas de estas criaturas aquí están luchando para sobrevivir. La gran belleza natural de las sierras Nevada ha transformado esta zona del estado en una área de veraneo próspera—y esa prosperidad repenti-na ha convertido a uno de los mayores depredadores de California en un animal dañino.

Me encantan los pinos ponderosa.

¿Sabes de quién son estas huellas?

Me encanta este hábitat. Estamos rodeados por estos altísimos pinos ponderosa. Es tranquilo. Te sientes seguro—pero esa sensación de seguridad engaña. Si estuvieras aquí conmigo, podrías oler un aroma a almizcle, un aroma de un oso negro...

Huelo algo almizclado...

19

Los árboles rasguñados son una señal segura que estás en territorio de los osos.

Un casa club de osos...

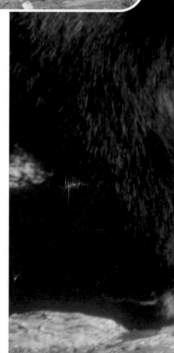

Y aquí hay más evidencia que estamos en territorio de los osos: un oso ha estado desgarrando este pino ponderosa, al punto que está inclinado. Se va a caer pronto. El oso ha estado jalando la madera para agarrar las larvas de insecto que viven y crecen adentro. Masca la madera hasta hacerse pulpo, extrae la proteína y tiene un buen festín.

Mira esto. Tenemos una casa abandonada, la cual se pudrió y es ahora una residencia de gran valor para un oso.

Éste es uno grande, de cerca.

Un oso ha estado en este sofá.

Un oso listo ha hecho una guarida debajo de aquí.

...Hay heces de oso. Y mira este sofá. Está completamente desaliñado. Todo el tapiz y el relleno han sido arrancados, y yo creo saber por qué.

El oso que está viviendo en esta casa ha hecho una guarida debajo de la casa, justo debajo del porche. Qué oso más listo y creativo. Ha arrancando todo el relleno de ese sofá y lo ha traído abajo a su guarida y ha forrado su cama. También ha saqueado el dormitorio de este lugar— entonces cuando se acuesta a dormir descansa su cabeza de oso sobre una almohada. Esto demuestra cómo estos animales son unos maestros de la supervivencia.

Mira esto. Encontré un
montón de heces de oso que
todavía está caliente, todavía
está humeante. Se puede ver lo
que este animal ha estado comiendo. Se nota
que seres humanos se han topado con este oso porque se ha
comido un envase pequeño de jugo—y te digo, se comió todo el
envase de jugo.

Oigo algunos arañamientos, algunos sonidos mordisqueantes.
El oso está llegando, y si tenemos suerte, lo veremos.

Un macho negro hermoso...

Y allí está— es un gran verraco, un oso macho. Huye de prisa y se dirige hacia lo alto de un árbol— estas criaturas grandes son excelentes trepadoras. Ése es un oso negro hermoso. Probablemente pesa 350 ó 400 libras (159 ó 181 kilogramos). Puedo oírlo jadeando y resoplando, dejándonos saber que él sabe que estamos aquí. Está demostrando lo que espero sea un blof—diciendo "Soy más grande que tú. Soy más grande que nada".

¿Ves su labio hacerse un ovillo y estremecerse? Eso se llama *flemen*. Estremecer su labio de esa forma le ayuda a detectar aromas con su sentido de olfato extraordinario. Esta criatura puede detectar con esa

nariz la presencia de los huevos de pájaro en ese árbol. Y si los halla, se los comerá. En esta época del año está acumulando peso, rellenándose con grasa, aumentando su reserva de energía para el invierno.

En este momento parece que éste está echando una siesta. Un oso negro... es posible convivir con estos animales, disfrutar de su historia natural y apreciarlo.

Me huele... aún allá arriba.

Parece que aburrí a este oso...

Éste es mi amigo Bryan.

Dirígete al sur y al oeste de las sierras Nevada y justo antes de caerte al océano, te hallarás en Hollywood, una tierra de sol, diversión, aspirantes a estrella y ensueño. Los turistas vienen aquí en multitudes para ver las estrellas. Yo también lo hago, pero me gusta combinar mi contemplación de las estrellas con la caza de serpientes. Estoy aquí con un amigo mío, el actor Bryan Cranston, del programa de televisión *Malcolm in the Middle*. Anda vestido para cazar serpientes al estilo Hollywood, con palo de golf en lugar de un bastón para serpientes.

Vamos a mirar por este terreno rocoso y ver si hallamos una linda serpiente de cascabel. Éste es un buen hábitat para las serpientes, con muchas grietas en donde se pueden esconder. Estas serpientes pueden sentir el calor de un cuerpo, así que si están aquí probablemente saben de nuestra presencia.

Serpiente, serpiente, ven acá...

Y hay algo aquí dentro...

¿Puedes ver la serpiente de cascabel pacífico allí dentro?

Es una serpiente de cascabel pacífico sur. Mírala. Esa cascabel se desarrolló al final de la época glacial, y era la forma en que la serpiente advertía a los búfalos de no pisarlas. Ése fue el

Mira la cascabel de esta cascabel de Mojave.

propósito de la cascabel por miles de años, pero las serpientes de cascabel de hoy en día la agitan menos. Eso es porque una serpiente que hace sonar su cascabel hoy se identifica a un ser humano, el cual la podría matar. Así que las serpientes de cascabel que hacen sonar su cascabel son matadas, y las que no la hacen sonar sobreviven y luego pasan ese rasgo a la generación siguiente.

Las serpientes de cascabel pacífico son de un color verdoso hermoso.

Estas serpientes de cascabel pacífico también se les llama serpientes de cascabel verde y si miras su vientre puedes ver un cierto matiz verde. Ésta tiene probablemente unos ocho o nueve años, un macho adulto. Mide más o menos 2 ½ a 3 pies (0,8 a 0,9 metros), pero estas serpientes pueden crecer hasta 4 ó 5 pies (1,2 ó 1,5 metros) en longitud.

Mantente alejado de una serpiente como ésta. Si estuvieras caminando y vieras esta serpiente enrollada, y si escuchas un cascabel, eso significaría que está alarmada y no quiere que la molestes. Pudiera atacar.

Vamos a dirigirnos hacia uno de los suburbios extravagantes de Los Ángeles. En algún sitio de ese barrio hay un lince que piensa que es el dueño del lugar...

Thousand Oaks alberga muchos animales salvajes.

Los guardabosques están captando una señal...

Thousand Oaks se enorgullece en tener muchos espacios abiertos. Lo llaman el área verde y proporciona un gran hábitat natural para la fauna salvaje. Claro, puede haber problemas cuando estos vecinos salvajes se topan con sus vecinos humanos. Lo que es asombroso es que la gente de la ciudad se traslada a este entorno suburbano porque quieren acercarse a la naturaleza, y cuando están cerca quieren matar los animales.

Seth y Piper son guardabosques que monitorean la salud y la seguridad de los depredadores que comparten esta área con los seres humanos. Piper está captando señales de un collar transmisor que los guardabosques colocaron en uno de los linces de aquí.

Me mira directamente a mí... sin miedo alguno.

Y ahora lo vemos—un lince macho—y hasta que se movió, parecía una roca. Lo rastreamos caminando a lo largo de una cerca, por un jardín y en la acera. Es un gato de buen tamaño, probablemente 20 a 25 libras (9 a 11 kilogramos) de peso. Míralo—se paró y me miró directamente por un momento. Ni tenía miedo. Esto es parte de su territorio.

Estoy tan emocionado como si hubiera descubierto un leopardo o un león africano. A lo mejor no fue un encuentro peligroso, pero lo extraordinario de este lince es que se ha adaptado, se ha unido al mundo humano así como al mundo salvaje. Y de eso se trataba este asunto.

Sigue la autopista este de Los Ángeles y te hallarás en el desierto—no cualquier desierto, sino el desierto de Mojave. Hasta ahora California nos ha brindado algunos animales que están luchando para convivir con sus vecinos humanos, pero en el desierto podemos alejarnos de la civilización por un rato.

El desierto en flor...

Mojave Desert

Desierto de Mojave

Palm Springs

Este hábitat parece deshabitado pero está lleno de vida.

El Mojave parece deshabitado. En realidad está lleno de vida. Ahora mismo una serpiente de cascabel de Mojave verde desapareció debajo de una roca, aplanando su cuerpo y escondiéndolo debajo. Las serpientes de cascabel de Mojave tienen un camuflaje excelente, el cual las permite pasar desapercibidas en este paisaje arenoso. Voy a sacarla de nuevo.

Se ven muy serias.

Tienes que tener muchísimo cuidado con estas serpientes.

Tengo que tener muchísimo cuidado, porque de todas las serpientes de cascabel, ésta es una de las más venenosas. Muchas de las cascabeles tienen lo que llamamos veneno hemotóxico, que destruye el tejido del cuerpo. Ésta es distinta.

Tiene un veneno potente, que es en parte hemotóxico, en parte neurotóxico. No sólo el veneno descompone el tejido del cuerpo sino que también retarda el sistema nervioso.

Aún las serpientes pequeñas son venenosas.

Aunque ésta es una serpiente pequeña, su veneno es tan tóxico como el de un adulto. De hecho, en algunos casos, las serpientes más pequeñas pueden ser más tóxicas que las más grandes de la misma especie porque a medida de que una serpiente envejece su veneno se degrada, o descompone. Esta serpiente también puede controlar la cantidad de veneno que inyecta cuando muerde. Tal vez no inyectará veneno. Tal vez inyectará cantidades abundantes.

Mira el camuflaje de ésta.

El indicador principal de que estás lidiando con una cascabel de Mojave y no con una serpiente de cascabel de piel diamantada del oeste es la cabeza. Una serpiente de cascabel de piel diamantada del oeste, o una del este si vamos a eso, tiene una cabeza más grande, más tri-angular. Es bueno saber eso, porque el veneno de la cascabel de Mojave es mucho más potente.

Mira la forma de la cabeza.

Hay algo más que te quiero mostrar. Si alguna vez pensaste que era difícil moverse con piernas, deberías ver cómo se desplaza una serpiente. Éste es un reptil sin miembros, pero utiliza músculos poderosos que corren a lo largo de su cuerpo y que están conectados a su piel para moverse en lo que llaman en forma concertina. Se frunce y se extiende igual que un acordeón.

La cascabel de Mojave—sí, es un animalito muy venenoso, pero de verdad que es bello y es un residente de gran valor en este ecosistema importante, el desierto de Mojave.

Las serpientes de cascabel son víctimas de prensa negativa. Porque son peligrosas, la mayoría de la gente piensa que estas criaturas son malvadas. Pero solo vuelven peligrosas cuando se sienten amenazadas por otro animal—ya sea el animal un águila o un humano. Cada año se reportan alrededor de 800 casos de mordidas de serpientes de cascabel. Y la mayoría de las mordidas son tratadas con éxito con tan sólo dos a tres días de hospitalización.

Entonces, ¿qué puede hacer una persona para prevenir una mordida de serpiente de cascabel? Las mordidas se producen con mayor frecuencia en las manos, los pies y los tobillos. Algunas reglas de sentido común pueden prevenir la mayoría de las mordidas de serpientes de cascabel:

- Nunca vayas descalzo o te pongas sandalias cuando camines por el monte. Siempre ponte botas de excursión.
- Siempre mantente en los senderos. Evita los pastos altos, hierbas y maleza donde puedan haber serpientes.
- Siempre fíjate si hay alguna serpiente escondida antes de recoger rocas, palos o leña.
- Siempre revisa con cuidado los tocones o los troncos antes de sentarte.
- Cuando escales, siempre mira antes de poner las manos en un nuevo sitio. Las serpientes pueden escalar paredes, árboles y rocas y con frecuencia se encuentran en las alturas.
- Nunca agarres "palos" or "ramas" mientras nades. Las serpientes de cascabel son muy buenas nadadoras.
- ¡Las crías de serpientes de cascabel son venenosas! Pueden morder y lo hacen. Déjalas tranquilas.
- Nunca molestes una serpiente para ver desde qué distancia puede atacar. Puedes estar a varios pies de la serpiente y todavía estar al alcance de un ataque.
- Aprende a respetar las serpientes y dejarlas solas. Los niños curiosos que recogen serpientes son mordidos a menudo.
- ¡Siempre cédales el camino a las serpientes!

Éste es uno de mis reptiles favoritos.

Este reptil está diseñado para sobrevivir en un ambiente duro.

Mira este reptil verdaderamente asombroso—uno de mis favoritos. Esta criatura que parece anciana es la tortuga del desierto. Este animal se halla viviendo en la parte suroeste de los Estados Unidos, desde el alto desierto de California hasta la parte inferior de Arizona y partes de Nuevo México. Está diseñado perfectamente para sobrevivir en este ambiente suprema-mente duro. Este animal pasa alrede-dor de 90 a 95 por ciento de su vida

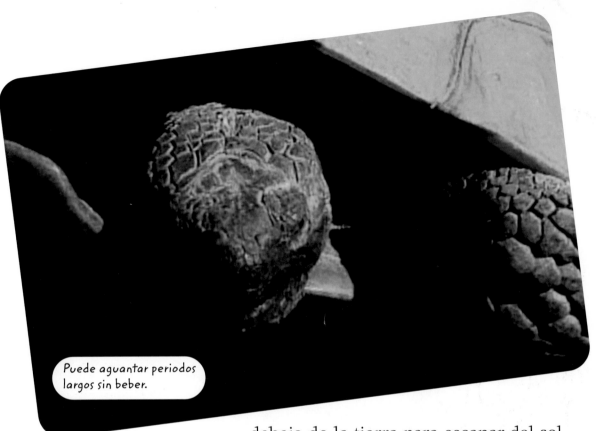

Puede aguantar periodos largos sin beber.

debajo de la tierra para escapar del sol del desierto que es peligrosamente caliente. Como puede conservar agua, puede aguantar periodos largos sin beber.

La coraza ayuda a la tortuga a conservar agua. Está dividida en dos partes—el caparazón, la placa de arriba, y el plastrón, la placa de abajo. Cuando estas criaturas se vuelcan, mueven de

Mira este caparazón.

un tirón la cabeza y menean sus patas para tratar de enderezarse.

He aquí otra cosa interesante sobre estas criaturas: sus patas están construidas casi igual que las columnas de un templo griego porque sus cuerpos son tan pesados. Necesitan soportar esa masa pesada y lo hacen con unas patas macizas, como de elefante (o elefantinas), y pezuñas anchas que distribuyen el peso.

Son macizas.

La tortuga del desierto—una criatura magnífica. Vamos a colocarla donde la hallamos. Ella puede seguir forrajeando y nosotros podemos seguir explorando California.

Patas fuertes cargan un cuerpo pesado.

Cerquita del desierto rocoso se encuentra un lugar de grandes atracciones para el turista: el soleado Palm Springs. El desarrollo de esta próspera

La expansión urbana ejerce una fuerte presión sobre la fauna salvaje.

Podemos monitorear el carnero de cuernos largos desde el aire.

ciudad ejerce presión sobre otra criatura californiana, el carnero de cuernos largos. Los carneros de cuernos largos peninsulares son unos de los ungulados más amenazados en América del Norte. La población total es de alrededor de 400. En esta área hay una población minúscula de carneros de cuernos largos, de solamente unos 25 individuos. Los científicos están monitoreando estos animales con la esperanza de salvarlos. Eso significa hallarlos y luego, aún más difícil, capturarlos y traerlos al campamento de base para que los biólogos los marquen y les hagan pruebas. Es algo desafiante, peligroso y emocionante.

Estamos en la caza de carneros de cuernos largos con los científicos en un par de helicópteros, un helicóptero para perseguir y otro para monitorear. Estos animales son difíciles de detectar en las faldas desiérticas porque se camuflajan muy bien. Es posible que un carnero que pese 200 libras (91 kilogramos) esté justo debajo de nosotros, pero contra el paisaje marrón, desaparece.

Éste es el helicóptero de moniteo.

Es difícil detectar los carneros desde el aire.

Una red captura el animal.

Aquí van los carneros...

Una vez que el equipo ve un carnero de cuernos largos, el primer helicóptero avanza y dispara una red para capturar el animal. Luego el segundo helicóptero llega para asegurarlo. El terreno es demasiado escabroso para poder aterrizar, entonces tenemos que saltar del helicóptero.

Los carneros no son tranquilizados pero una venda a los ojos evita que se asusten mientras son transportadas por aire al campamento base.

De vuelta al campanemento base, veterinarios e investigadores recolectan los datos que necesitan lo más rápido posible. Tienen que hacerlo muy de prisa porque estos animales no están anestesiados.

Tenemos dos animales aquí— un carnero, que es macho, y una oveja hembra, la cual es más

pequeña y más delicada, con cuernos más pequeños.

El tipo en el mono amarillo se llama Jim DeForge de Bighorn Institute (el Instituto de Carneros de Cuernos Largos), quien ha trabajado desde 1981 para salvar al carnero de cuernos largos peninsular de la extinción. Él tiene un bastoncillo largo que usará para meterlo en la cavidad nasal de esta oveja para sacar una muestra mucosa. Los veterinarios harán una estudio de cultivo con esa muestra para ver si esta criatura ha contraido alguna enfermedad respiratoria. Estos animales son vulnerables a las enfermedades y los investi-gadores quieren saber si

Éste es Jim.

Revisaremos esto de vuelta en el laboratorio.

Puedes ver aquí el radio collar.

alguna enfermedad que tienen es algo que existe en la naturaleza o fue introducido por agentes externos, como la ganadería.

Este animal fue marcado en la oreja izquierda y tiene un collar alrededor de su cuello que transmite una señal de radio, usando la tecnología basada en satélite de GPS (Sistema de Posicionamiento Global). En esta región, aunque este animal es un maestro de la supervivencia, está en gran peligro de extinción—sólo quedan ocho hembras. Por eso este estudio es tan importante.

Este carnero es impresionante, ¿verdad?

Y este hermoso carnero es un ejemplo perfecto de lo espectacular que son estos animales. Vamos a soltarlo cuando esté listo, por impulso propio.

California resultó ser una gran experiencia. No sólo hemos presenciado la conservación en acción, sino que también pudimos acercarnos a uno de los animales menos comunes que viven en California, el carnero de cuernos largos peninsular. ¡Nos veremos de nuevo en nuestra próxima aventura!

Glosario

anestesiado privado o entumecido por medio de una droga

bosque de quelpo un hábitat submarino compuesto de quelpo, una alga marina

cartilaginosos compuesto de o relativo a los cartílagos

carroña los restos de un animal muerto

cebo comida que se da a los peces para atraerlos

cúspide el punto más alto

depredadores animales que matan y se alimentan de otros animales

ecosistema una comunidad de organismos

extinción cuando ya no hay más miembros vivos de una especie

forrajear recorrer un terreno en busca de alimento

fósiles restos de animales antiguos que se encuentran en las capas terrestres

GPS Sistema de Posicionamiento Global

hábitat un lugar donde conviven las plantas y los animales nativos

heces excrementos de animal

hemotóxico veneno que daña la sangre y los tejidos

neurotóxico veneno que daña el sistema nervioso

proceso evolucionario cómo las especies de animales se adaptan y cambian en el transcurso del tiempo

reptil un animal de sangre fría, que generalmente pone huevos como una serpiente o un lagarto

respiratorias relativo a la respiración

sebo grasa de animal

venenoso que posee una glándula que produce veneno para la auto-defensa o para cazar

Índice